# Guía para parejas enfrentando un diagnóstico de cáncer

Florece Stevens

Dedicatoria

A todos quienes formaron parte de mi grupo de apoyo en especial a mi hija Mía Emmanuelle quien tuvo que asumir con 8 años un rol que no era el suyo: cuidarme. Te ama, tu mamá.

También a la Doctora Ana Elisa Cuesta Fernández, quien no solo fue mi oncóloga sino también un oído presto a escucharme en todo momento.

Gracias a TODOS por cada detalle que le añadió días a mis años.

Desde el agradecimiento,

**Florece Stevens**

Esta guía en todas sus partes ha sido escrita basada en mi experiencia como paciente de cáncer de mama. En ella te presento consejos prácticos que debes poner en acción para sobrellevar el tratamiento y  la enfermedad desde el amor. No todas las parejas cuentan con la capacidad y la madurez que se necesita para sobrellevar un diagnóstico tan retante como drenante y salir victorioso. Desafortunadamente tres años después de mi último tratamiento y sin haber cumplido la marca de los cinco años que me harán sobreviviente decidí separarme de quien fue mi esposo por trece años. Los recuerdos de su trato mientras estuve enferma y también luego del proceso pudieron más que el amor que un día le tuve. Y fueron esos tratos los que me inspiraron a escribir esta guía práctica de consejos para tí.

Recuerda que  la persona que decida permanecer a tu lado debe aceptarte como eres sin importar si tu cuerpo es reconstruido o queda parcialmente mutilado como fue mi caso. No olvides que existen muchos factores por analizar en el proceso antes de realizarnos una reconstrucción por lo que no todas las mujeres optamos por reconstruir nuestros cuerpos. Todos pensamos de manera distinta. Sin importar cual sea la decisión que tomes recuerda que desde el amor debes ser respetada, apoyada y valorada.

Como sobreviviente de cáncer de mama siento la responsabilidad de ofrecer esta guía práctica para parejas enfrentando un diagnóstico de cáncer. El cáncer por sí solo no tiene género tampoco tiene tiempo, ocurre a cualquier edad no importa si eres joven, cuarentón o si eres una persona dentro de la tercera edad. El cáncer a diferencia de lo que muchas personas pueden pensar no tiene género. Ataca a hombres y mujeres, jóvenes e incluso a niños. El cáncer ataca sin misericordia, no te da tiempo siquiera a prepararte para luchar la enfermedad cuando ya estás envuelto en procesos difíciles y dolorosos que te afectan tanto física, psicológica como emocionalmente. En esta guía yo no vengo a hablarte de estadísticas, diagnósticos o tratamientos. No. Tampoco vengo a hablarte de lo que tu pareja pudo hacer y no hizo, ni de lo que tú pudiste  hacer y no hiciste porque no hace sentido hablar de lo que pudo ser y no fue. Hoy vamos a hablar de cáncer y de las cosas que podemos hacer durante el transcurso del tratamiento para trabajar junto a nuestra pareja y hacer de este proceso uno más cómodo, empático y menos doloroso.


## Consejo # 1 Decide


El cáncer no es para cobardes. Se necesita ser muy fuerte para poder luchar contra un enemigo grande. Se necesita mucha energía, paciencia, entereza y valentía para poder lidiar con un diagnóstico de cáncer del tipo que sea. Por ello mi primer consejo luego de conocer que hay una lesión, bulto, pelotita, bolita o tumor es decidir si permanecen a bordo como pareja sea hombre o mujer o si por el contrario deciden terminar la relación en este momento por desconocimiento o por falta de pantalones o faldas con los cuales ayudar a tu pareja a vencer la enfermedad. Si porque debes tomar esa decisión en ese momento. No más tarde, no en medio del tratamiento, no luego de que la persona termina el tratamiento. No, es una decisión que se toma desde el principio con cabeza fría y consciente de que si continúas en esa relación es para ponerte las pilas y dar todo lo mejor de ti en pro de esa persona a la que amas y que tanto necesitará de ti. De permanecer en la relación tienes que considerar todos los factores que envuelve. Una vez considerados todos los factores debemos entonces tener una conversación seria y de corazón con tu pareja y dejarle saber cuál es tu decisión sea cual sea. Te recuerdo que el cáncer no es el fin del mundo sino el comienzo de una nueva etapa en la vida de esa persona donde saldrá victoriosa o victorioso de la lucha con mayor experiencia y con unas vivencias que les servirán de utilidad para poder ayudar a otros seres humanos que estén en la misma posición que él o ella o de ustedes como pareja más adelante.  Si decides alejarte, qué pena. Sí, porque te perdiste de la oportunidad de ver luchar a una persona que confiaba en que ibas a permanecer a su lado hasta que saliera victorioso del campo de batalla. Esta persona sufrirá mucho con tu decisión pero eventualmente se levantará como buen guerrero o guerrera para dar la lucha.

Si decides permanecer a bordo felicidades.

Sí, te felicito porque has tomado una decisión valiente y con todos los elementos para poder ayudar a esa persona especial en tu vida. Has tomado una decisión para la que se necesita coraje, aplomo, valentía y mucho entendimiento para poder bregar con todo lo que viene.

**Advertencia:** Si decides quedarte en la relación para ser una persona ausente o por el que dirá la sociedad, amigos o familiares te advierto que eso no es lo que tu pareja espera de ti y es por esta decisión que ocurren la mayor cantidad de separaciones o divorcios entre sobrevivientes de cáncer de cualquier tipo y sus parejas. Si por el contrario te quedas en la relación para estar con él o ella durante el tratamiento, ser un hombro donde esta persona pueda reír o llorar o para simplemente ser su apoyo pues felicidades pues has tomado una decisión de valientes.

## Consejo # 2 Infórmate

Ya decidiste que vas a quedarte en la relación, que vas a dar el paso que tu pareja necesita para poder sobrellevar un tratamiento fuerte y agresivo en VICTORIA. Ahora el siguiente paso que debes dar junto a tu pareja es el de informarte. Ayúdale a buscar información sobre su diagnóstico y tratamiento. Ayúdale también a localizar segundas opiniones de profesionales en la materia. Si todo eso ya está cuadrado pues entonces piensa en cómo puedes ayudar a tu pareja financieramente. El tratamiento para vencer el cáncer es uno costoso y muchas veces difícil de sufragar. Si no cuentas con los medios económicos para poder sufragar el tratamiento verifica si hay la posibilidad de conseguir un mejor empleo, un segundo empleo o verifica con organizaciones y entidades en tu comunidad o país que puedan ayudarte en el proceso para poder sufragar los costos. Planifica junto a tu pareja cómo pueden establecer campañas para recaudación de fondos entre amigos familiares y colaboradores. Si es una pareja legalmente casada o un compañero doméstico también puedes verificar con tu empleador qué opciones tiene la compañía para la cual trabajas para poder ayudarte con un diagnóstico de cáncer. Infórmate de los tratamientos que tu pareja va a recibir. Me explico, verifica los medicamentos, efectos secundarios, medicamentos para poder contrarrestar estos efectos secundarios y remedios naturales o caseros que puedan ayudar a tu pareja durante y después del tratamiento contra el cáncer. Si, hay muchos remedios naturales que son buenísimos para poder subir el contaje de glóbulos, el hierro en la sangre o solo aumentar la energía en tu pareja. Lo importante es que te informes y que estés dispuesto a trabajar con tu pareja para juntos poder vencer al enemigo.

## Consejo # 3 Conoce a sus médicos

Es bien importante el conocer a los médicos que atenderán a tu pareja. Ve junto a tu pareja y conoce a cada uno de los profesionales de la salud que le atenderán durante el tratamiento. Familiarízate con la ubicación de sus oficinas, anota sus números de teléfono y conoce a la facultad o al personal que le asiste. Es bien importante que en casos de emergencia conozcas esta información porque puede que te toque a tí llamar a su profesional de la salud para informarle de algún efecto secundario o reacción alérgica a alguno de los medicamentos que reciba. También es importante que les conozcas para con ello tener un panorama más claro de cuál es el tratamiento y el procedimiento que se va a seguir. Desde mi esquina te digo que no hay nada peor que el que tu pareja desconozca quién es el profesional de la salud que te está atendiendo o dónde está localizado en caso de que esta persona se sienta en pobres condiciones de salud para informar a nuevos médicos u otro profesional de la salud sobre su condición y tratamiento. Recuerda que como en todo puede ocurrir alguna emergencia donde tengas que llevar tú a tu pareja a su cita médica, una quimioterapia o radiación y es por lo mismo que debes de estar informado quiénes son los médicos y el personal que le asiste durante sus citas. Aparte de conocer a sus médicos es importante que cuando visite a sus médicos estés como su pareja informado. Prepara tu lista de preguntas, dudas o situaciones nuevas que notes durante el tratamiento. Si, durante el tratamiento ocurrirán diversidad de cambios tanto emocionales como físicos en tu pareja que deberás anotar para poder informar al enfermero a cargo o al oncólogo que le atiende.

Algunos síntomas que puedes notar son los siguientes:

-pérdida de cabello, vello corporal y  facial

-aumento de peso

-ojos amarillos

-manchas en la piel

-manchas en la cara

-uñas negras

-puntos negros en lengua

-ampollas o lesiones bucales

-dificultad para tragar

-sudoración excesiva

-calentones

-cambios constantes de humor

-manchas en la cabeza

-escozor y agrietamiento de palmas de las

manos o planta de pies

-fatiga

-sueño excesivo

-temblores estomacales

Durante el tratamiento de cáncer podrás ver

infinidad de cambios físicos en tu pareja. Lo

importante entonces es saber qué cambios

físicos son normales o esperados dentro de

lo que es el curso de tratamiento y qué cambios físicos pueden ser efectos secundarios del tratamiento que está recibiendo.

Por ellos recuerda que te vas a convertir en casi un experto o experta haciendo como un buen pelotero: corriendo junto a tu pareja todas las bases necesarias para ayudarle a ponchar el cáncer.

Consejo # 4 Nunca olvides las cosas que te enamoraron o que enamoraron a tu pareja

Ya te decidiste a continuar con tu pareja y enfrentar el tratamiento contra el cáncer. Te informaste del tratamiento y de todo lo que crees tú necesitas saber antes de comenzar el tratamiento. Conociste a sus médicos, ya sabes quién le va a estar atendiendo y cuál va a ser el protocolo para vencer al cáncer. Ahora es importante que nunca olvides las cosas que enamoraron a tu pareja pues una relación se alimenta de detalles, cariño, amor, afecto, comprensión, y entendimiento. Tenemos que vivir con tolerancia y paciencia las diferencias que surgen a lo largo del camino pero es importante que durante este tratamiento nunca olvides cuáles fueron esas cosas que te enamoraron de tu pareja. Es importante que continúes practicando las mismas cosas que antes hacías junto a tu pareja obviamente considerando y tomando en cuenta su condición de salud pero nunca haciéndola sentir menos, así como tampoco incómoda o desatendida por ti. Recuerda todos los pequeños detalles con los que se halagaban en el día a día y vuelve a ponerlos en práctica o mejor aún no dejes de ponerlos en práctica. Enamora a tu pareja. Déjale saber a tu pareja lo linda o guapo que luce aún en medio de la enfermedad. Olvida lo exterior, no importa si le salieron manchas en la cara, si sus uñas están negras, si tiene las uñas frágiles o débiles, si la planta de los pies le está cambiando o está mudando la piel, eso es exterior y se regenera: eso vuelve cómo las plantas:  a florecer. Lo que nunca vuelve a crecer es el amor, el compromiso y la pasión que una persona puede sentir por su pareja cuando es desatendida.

No olvides las flores, una cena especial, sacar a tu pareja de la casa aunque sólo sea a dar una vuelta en el automóvil pues recuerda que su sistema inmune está comprometido y no deben arriesgarlo. En momentos de enfermedad nos conformamos con los pequeños detalles:  un buen libro, una película para ver en casa, el que preparen nuestra comida favorita, y hasta un masaje en los pies en momentos en que nos sentimos débiles. Si tu pareja es una mujer te cuento que algo tan simple como enjabonar su espalda y ayudarla a bañarse en ocasiones es como recibir un tesoro. Si por el contrario estamos hablando de un hombre el ayudarlo a bañarse nos toca porque recuerda que ellos son a veces más changuitos y nunca olvides que cuando nosotras tenemos un catarro ellos sienten que tienen una pulmonía por lo que en tiempos de cáncer cuando ellos tienen un efecto secundario pasajero piensan que se está muriendo y necesitan mayores

cuidados. Añoña a tu pareja, eso fortalecerá

la relación y los acercará más como pareja.

## Consejo # 5 Hora del corte de pelo

Llegó el momento en el que necesitas olvidarte si te gusta la mujer de cabello o pelo largo o si te gusta el hombre con pelo que le llegue a las cintura. Es posible que luego del primer tratamiento de quimioterapia de acuerdo a cual sea el protocolo a seguir el pelo comience a caerse tan pronto como luego de la primera quimioterapia. A veces puede tardar un poco más. Esto ocurre porque la quimioterapia sube a la cabeza y comienza a quemar los folículos que sujetan el vello por lo que al quemarlos tu pareja puede llegar a sentir un dolor de cabeza y cráneo tan profundo que le será imposible apoyar su cabeza en cualquier superficie incluyendo una almohada. Sí, hasta el apoyar la cabeza en una almohada puede ser súper doloroso. Recuerdo cuando trataba de recostarme en la cama, sillón reclinable o el sofá donde todos los lugares me eran doloroso por el dolor que sentía en la cabeza.  Es entonces cuando debes considerar junto a tu pareja hacer un recorte de cabello para bajar el volumen o pensar en afeitarse la cabeza.

Muchas veces el paciente espera a perder todo el cabello por sí solo hasta que comienzan a ver moñas de cabello que caen al lavarlo o los que dejan en la almohada al dormir. Y son esos momentos los que en algunas instancias le llevan a la depresión. Pero todo tiene remedio con paciencia y empatía. Existen diferentes opciones para poder manejar la pérdida del pelo o cabello. El cabello crece por lo que la caída no debe representar un problema mayor aunque no deja de ser un momento traumático para muchos de los pacientes. Recuerda que este es un buen momento para demostrar solidaridad por lo que si puedes afeitarte tu tambien se sentirá mucho mejor. Hay bufandas, gorros, sombreros, pañoletas, bandanas o simplemente una buena peluca. Las pelucas existen en variedad de colores, estilos y largos a escoger por lo que el paciente puede cubrir su calvicie durante el tiempo en que está en tratamiento y hasta que el cabello vuelva a crecer. Recuerda que este no es el momento para comenzar con reclamos o para hacer sentir mal a tu pareja con burlas, comentarios indebidos o inapropiados. Por el contrario, pueden utilizar este tiempo para probar una peluca en un color diferente o algún estilo de peinado distinto al que usualmente utiliza. Éste es un buen momento para uno ponerse creativo y dejar correr la imaginación. Junto con la pérdida del cabello tu pareja también va a perder el vello facial, el vello en piernas, brazos, axilas u otras partes del cuerpo incluyendo las cejas y pestañas. Sabemos que todo cambio trae consigo al factor sorpresa pero no dejes que la sorpresa te haga decir algo inapropiado. Para la mujer este punto marca la hora de comprar un lápiz de cejas, un delineador de ojos, una sombra en colores brillantes y para el hombre pues vamos a pintarle las cejas si con eso se siente mejor.

## Capítulo 6  Prevención

En este consejito voy directa al punto: Evitemos las demostraciones de afectos con desconocidos o enfermos. Como no conocemos las reglas de higiene que pueda

tener otro ser humano pues evitemos tener

demostraciones de afecto con personas de

las cuales desconocemos si se lavan las

manos o no. Algo tan simple como es darle

la mano a otra persona de la cual

conocemos o desconocemos cómo es su

higiene puede llevarnos a un hospital.

Vamos a hacer de esto una regla: utilizar

mascarilla y desinfectante para manos para

toda salida o visita de personas a la casa.  Si

le visitan que primero se bañen y ya en su

casa que vayan al baño a lavarse las manos

o tenga usted una botella de desinfectante

bien cerca antes de que le toquen a usted o

a su pareja. Recuerde que usted es

transmisor de enfermedades a su pareja.

Puede sonar para muchos exagerado pero

no lo es. La vida de su pareja va primero y

para salvarla es necesario recibir

quimioterapias las cuales no puede recibir si

tiene catarro o contaje de glóbulos o

plaquetas bajas.  No importa si usted va al

colmado de la esquina o va a la oficina de un

médico en todo lugar que usted visite puede

encontrarse con una persona que esté

enferma por lo que es importante evitar cualquier tipo de síntomas que pueda impactar de manera negativa a su pareja. Su sistema inmunológico va primero. Recuerde que antes de cada quimioterapia a su pareja se le toma muestras de sangre para verificar cómo están sus glóbulos y decidir entonces si recibe la quimioterapia o no por lo que no tema que otros se ofenda, el que le quiere a usted y a su pareja se lavará las manos y tampoco se sentirá ofendido porque su pareja utilice mascarilla. Tampoco se sienta mal por tener que pedirle a una persona que mantenga una distancia prudente de usted y su pareja en caso de tener algún catarro o alguna enfermedad que les pueda contagiar. Evite también visitar lugares muy concurridos donde usted desconoce que tipo de virus o bacteria pueda estarse incubando y/o propagando. Más aún ahora cuando tenemos un COVID-19 afectandonos mundialmente. Evite estos lugares a toda costa. No importa si va a la iglesia, trabajo o supermercado aprenda a reconocer cuándo mantener distancia.

## Consejo # 7 Náuseas y vómitos

Creo que una de las cosas iniciales que más difícil se me hizo de sobrellevar cuando fui diagnosticada con cáncer fue la idea de sufrir náuseas y vómitos. Recordemos que la quimioterapia no es otra cosa que una bolsa llena de veneno muy potente para matar las células cancerosas que invaden tu cuerpo. Por lo mismo uno de los efectos secundarios de la quimioterapia son las náuseas y vómitos odiosas que sufres. En mi caso y debido a que tengo otros diagnósticos de ansiedad y depresión aparte de estrés postraumático hablé con mi oncóloga y le pedí que me recetara algún medicamento disponible en el mercado para no sufrir de náuseas y vómitos que me hicieran cancelar el curso de tratamiento. Yo estaba decidida a luchar mientras no tuviese que vomitar, admito que era mi mayor temor. Por la experiencia ahora sé que muchas personas que sufren de cáncer temen al tratamiento debido al vómito y a las náuseas y son muchos quienes tienen que ser hospitalizadas debido a esos mismos efectos secundarios. En mi caso mi oncóloga me recetó el medicamento EMEND™ el cual para 2016 tenía un costo de $731 por tres cápsulas. Tres cápsulas a utilizarse el día de la quimioterapia y los dos días posteriores y que utilice exclusivamente para las primeras cuatro quimioterapias,  las más fuertes pues tenían componentes mucho más agresivos. Pero no dejes que el precio te desanime pues existen programas de ayuda al paciente que absorben la mayor parte del costo. Fue gracias a este medicamento que nunca vomité durante el tratamiento que recibí para el cáncer; podía sentir el estómago un poco incómodo pero nunca al punto de la náusea. Ya para las restantes 12 quimioterapias me recetaron otro medicamento Zofran™ o su genérico ondansetrón para la náusea que también fue de mucha ayuda. Verifica con tu oncólogo cuáles medicamentos existen en el mercado que te puedan ayudar a manejar y controlar las náuseas y los vómitos durante el tratamiento. Recuerda que el diagnóstico de cáncer no es un diagnóstico de muerte, se convertirá en una lucha por tu supervivencia

y para ellos debes contar con todas las

herramientas necesarias.

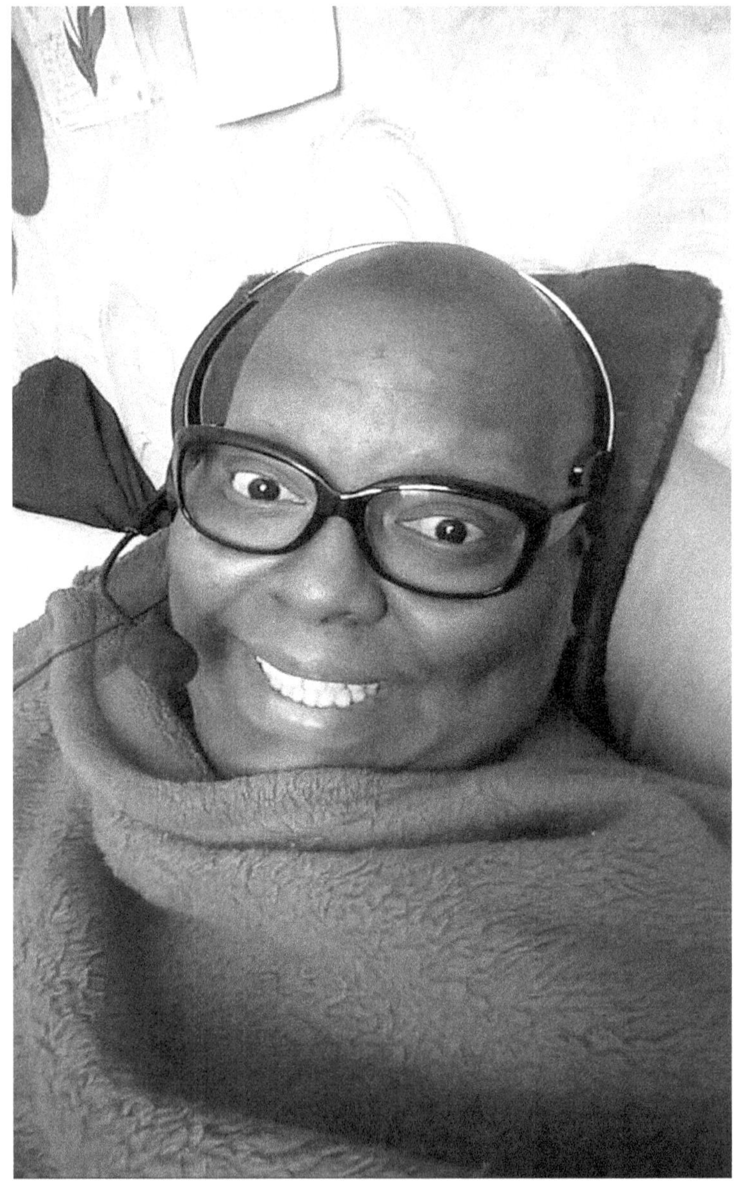

## Consejo # 8 Cambios de humor

Un diagnóstico de cáncer por sí solo puede hacer sentir triste a la mayoría de las personas por lo que no debe sorprenderte el que tu pareja se sienta triste o deprimida por el diagnóstico. Ha llegado el momento de pensar en positivo, de dejar temores a un lado y comenzar a buscar herramientas que nos ayuden a manejar la situación a favor nuestro. Esto no es sinónimo de que el paciente va a sentirse de excelente humor

24/7, 365 días al año. No, vas a vivir momentos en que tu pareja se va sentir triste, deprimida, destruida y hasta desahuciada. Es ahí cuando como pareja toca levantarle los ánimos y recordarle que el final de la guerra no ha llegado, que todavía tiene muchas cosas por las cuales luchar juntos, en pareja. Recuerda trabajar junto a tu pareja para que puedan vencer al cáncer un día a la vez. Enfocándose cada uno en la vivencia del momento y dejando todo lo que no pueden resolver para otra ocasión. Recuerda que este es el momento de unir fuerzas no de dividirse por lo tanto en momentos de tristeza o depresión debes ser solidario. No es momento para hacer reclamos ni económicos ni emocionales, tampoco es el momento para discutir y enojarse por cosas insignificantes. Recuerda que la vida tiene mayor significado, es mucho más importante, tiene mayor valor. No permitas que el calor del momento te quite la calma o te desenfoque del curso a seguir. No olvides consentir a tu pareja en momentos de debilidad. Le puedes hacer un regalo, sacarle a pasear, acompañarle a ver su película favorita o escuchar su música de predilección. En momentos como este el mejor regalo es tu compañía. Así que sacúdele el mar humor y déjale saber que tú estás de su lado.

## Consejo # 9 Crea una red de apoyo

Durante el tratamiento de cáncer es importante tener una red de apoyo. Esta red debe ser creada para poder tener ayuda en momentos críticos según sea la situación y me explico. Si hay niños menores de edad debemos tener una red de apoyo que nos ayude a recoger a los niños de la escuela cuando no nos encontramos en condiciones o en el lugar para hacerlo.  Una red de apoyo es la misma que nos va a ayudar a tener comidas calientes en la mesa día a día porque ¿qué va ocurrir el día en que tu pareja se sienta demasiado cansada o cansado para preparar la cena y tú estés trabajando? Es ahí cuando alguien dentro de tu red de apoyo puede tener una comida preparada para que tu pareja pueda alimentarse.  Ya sea preparando comidas y congelando para los días subsiguientes o llevando a tu pareja una comida cada día siempre es importante que haya una persona alterna que pueda ayudarte con la cocina. De la misma forma puedes utilizar una persona de tu red de apoyo para los quehaceres del hogar. En este punto es bien importante que no te confíes pues en ocasiones el paciente de cáncer sale de la quimioterapia listo para correr un maratón como también sale listo para tirarse en la cama a descansar. Las energías del paciente cambian día a día, tratamiento tras tratamiento. Y no por que tu pareja se sintió perfectamente bien en su última quimioterapia significa que en la próxima se va a sentir de igual manera. Por el contrario, a mayor cantidad de quimioterapias mayor cantidad de efectos secundarios con los que tiene que luchar. De igual manera, aunque la radiación no tiene un efecto externo tan visible como en la quimioterapia si deja a su paso efectos secundarios con los que también se está luchando día a día y los cuales le afectan en las labores del día a día. La misma red de apoyo que necesitas para improvisar una fiesta en casa, para cuidar a los niños cuando necesitas un tiempo a solas con tu pareja, que te puede ayudar dándole transportación a tu pareja en momentos en que te encuentres trabajando y necesites que alguien le lleve a su tratamiento. Vas a necesitar una red de apoyo porque alguien tiene que estar junto a tu pareja durante tu ausencia de la casa ya sea por trabajo o cualquier otra situación. Necesitas a alguien que cuide los niños o que permanezca con el paciente a pasar la noche si el paciente necesita ser hospitalizado y tú no puedes pernoctar. Es la misma red de apoyo que vas a necesitar en caso de alguna cirugía que requiera que el paciente esté dos o tres días en un hospital. Recuerda que el paciente luego de una cirugía necesita gente a su alrededor con la cual pueda tener la confianza suficiente para ser atendido en momentos fuera de su control donde se pueden sentir muy vulnerables. La red de apoyo también es muy importante porque en ocasiones el paciente necesita también ver otras personas a su alrededor con las cuales dialogar y tener una conversación franca sobre la enfermedad y su tratamiento. Esta red de apoyo puede estar compuesta de hermanos de fe, compañeros de trabajo, amigos y familiares. Deben ser personas solidarias y listas a asistir en medio de la prueba.

**Consejo # 10 Aprende a aceptar los efectos secundarios ya sean temporeros o permanentes.**

Uno de los mayores traumas que sufre un paciente de cáncer es el aceptar los efectos secundarios que sufre el cuerpo ya sean estos temporeros o permanentes por lo que es importante que como pareja de una persona que sufre de cáncer tú tengas la empatía para aceptar con amor cualquier efecto secundario que tu pareja esté sufriendo ya sea temporero o permanente y lo explico así porque hay muchos efectos secundarios que se manifiestan y que son temporeros por lo cual son más fáciles de aceptar.  Pero qué ocurre cuando los efectos secundarios son permanentes como por ejemplo la ausencia de senos luego de una mastectomía bilateral. Si, cuando sufres de una mastectomía bilateral sin reconstrucción ya sea porque no quieres una reconstrucción o porque tu cuerpo no la va a tolerar tu cuerpo cambia y no todo el mundo sabe manejar estos cambios con la empatía y la inteligencia emocional suficiente para entenderlos. Desafortunadamente hay muchos hombres y mujeres que no tienen la inteligencia emocional aunque digan lo contrario para aceptar a una mujer sin senos, mutilada y sufriendo cambios físicos en su cuerpo. Muchas mujeres son tratadas como leprosas por sus parejas al presentar cambios como estos. Vamos más lejos hay hombres y mujeres ignorantes que le temen al mismo tratamiento en sí: la quimioterapia o la radiación. Hombres y mujeres que le ponen toallas a las cerraduras para no tener que tocar una cerradura tocada por su pareja. Hombres y mujeres que se niegan a usar el mismo baño que su pareja con tal de no contaminarse con la quimioterapia.

Todos estos ejemplos los viví yo.  Podemos entender que hay precauciones universales que hay que tomar en cuenta cuando se recibe quimioterapia como por ejemplo: el no tener un contacto continuo piel a piel durante los primeros 48 horas después del tratamiento. Esto debido a que se elimina la quimioterapia del cuerpo a través de la sudoración y puede el paciente transferir residuos mínimos de quimioterapia a la otra persona con la que duerme si hubiese un contacto piel a piel continuo. Eso no significa que no puedan dormir en la misma habitación y en la misma cama. La única precaución que se toma es la de poner edredones adicionales en el lado del paciente para que la quimioterapia sea absorbida por este edredón que se remueve a las 48 horas después del tratamiento para continuar entonces la vida de manera normal hasta la próxima quimioterapia. Estos edredones se echan a lavar y vuelven a ser utilizados con el próximo tratamiento. Existen hombres y mujeres tan ignorantes que evitan tocar a sus parejas y con tocar me refiero únicamente a tocar y/o  agarrar su mano o su brazo para ayudarle a caminar, también evitan el abrazar o darle un beso en la mejilla mientras están bajo tratamiento. Cuando hablamos de aceptación hablamos de aceptar que tu pareja necesita un andador o un bastón para poder caminar porque la quimioterapia le ha dejado problemas de movilidad. Sí, hay parejas que no aceptan que el paciente use un andador o un bastón y se burlan de su pareja haciendo comentarios tanto brutos como crueles. Recuerdo que a mí me dijeron que yo no hacía nada para ayudarme yo misma por el simple hecho de que necesitaba un andador porque tenía problemas de fatiga aparte de que mis piernas estaban débiles y tendía a caerme y/o tropezarme con frecuencia. Recuerdo que tuve que hablar con la trabajadora social del hospital donde recibía tratamiento para que ella explicara a mi entonces esposo la razón por la cual yo utilizaba un andador recetado por mi oncóloga. Desafortunadamente él en su ignorancia abandonó la habitación y la dejó con la palabra en la boca pues ni siquiera la escuchó.  Hoy día todavía hago uso del bastón para ayudarme a mantener el balance; hasta hace pocos meses todavía me miraban feo y con desprecio. Cuando hablamos de aceptación de efectos secundarios esto puede incluir y no se limita a:  El uso de chalecos para evitar el edema pulmonar en pacientes que sufren de cáncer pulmonar, el uso de micrófono para pacientes de cáncer de garganta que ya no pueden hablar,  el uso de oxígeno, el uso de cremas o ungüentos para pacientes de cáncer en la piel o el uso de guantes de presión para evitar el edema linfático ya sea en brazos o en piernas. También incluye el uso de un bastón, un andador o de alguna pieza ortopédica que nos ayude a mantener el balance así como la falta de apetito sexual en mujeres o la disfunción eréctil en hombres. Existen muchos otros efectos secundarios que podríamos mencionar, por lo que es importante educarnos sobre la enfermedad y preguntar a los médicos. Tenemos que vivir el proceso de la enfermedad de manera informada. No dudes en anotar tus preguntas como tampoco olvides hacer preguntas por más simples que te parezcan las mismas. Un paciente informado es un paciente en control.

## Consejo # 11 Desintoxicar cuerpo y mente de negatividad

Algo que vas a descartar durante la enfermedad de tu pareja es el pensamiento negativo. Los pacientes de cáncer tenemos que pensar en positivo. Pensar en sanación, pensar en que vamos a estar mejor, que estamos pasando un tratamiento difícil con la idea de sanar el cuerpo y el alma para tener una vida mejor. Tenemos la responsabilidad de concentrarnos en que todo lo que estamos pasando es con la finalidad de tener salud. Como todo en la vida habrán días buenos, otros malos. Nada de eso será permanente. Recuerda que algo que no puede morir en ti es el deseo de vivir y de tener calidad de vida sin importar los efectos secundarios con los que tengas que vivir el resto de tus días. Siempre recuerda que lo importante es vivir. Siempre habrá quien te entienda y habrá quien nunca lo haga. Con que te entiendas tú es suficiente. Así que recuerda que desde el día número uno del diagnóstico vas a vivir en positivo. Recuerda no preocuparte por las cosas que no puedes resolver. Rodéate siempre de personas positivas.

## Consejo # 12 Aférrate a tu fe

No importa si crees en Dios, Alá, Buda, en marcianos o en la Madre Tierra lo importante dentro de tu proceso es creer y aferrarte a tu fe como náufrago a su tabla de salvación. Dentro de estos procesos en los cuales nuestra vida está pendiendo de una línea fina entre la vida o la muerte es necesario el calmar nuestros pensamientos y debilidades como seres humanos pensantes a través de la fe que albergamos en nuestros corazones. Permite que ese ser superior en el cual crees te permita organizar tus pensamientos y mantener la calma en el más exquisito ejercicio de fe. Concéntrate y cree. Aférrate y cree. Vive y cree.  Porque sin importar nuestra circunstancia es la fe la que te llevará a sobrellevar cada etapa del tratamiento. Yo me aferré a mi fe en Dios y le pedí cada día que me regalara sanación. Por fe me tomé cuanto remedio natural me ofrecían o preparaban. Por fe me levanté cada día aún sin fuerzas para trabajar o llevar a mi hija a la escuela. Solo deja que tu fe sea más grande que tu enfermedad.

Lucha sin rendirte. ¡Voy a tí, voy a ustedes:

## Conclusión

Desafortunadamente se requiere de educación, inteligencia y empatía emocional para entender todo esto porque la ignorancia es atrevida y va en aumento pero también tiene sus consecuencias. Hoy día estoy separada formalmente y en espera de que la pandemia sea historia para poder proceder con el divorcio, razón por la cual escribí esta guía para tí que sí lees, te educas y tienes intención positiva de ayudar a tu pareja. Te envío mis oraciones y deseos de bienestar confiando que el cáncer solo sea una piedra en tu zapato que puedas descartar muy pronto. Como parte de mi proceso de sanación y luego de haber terminado mis tratamientos en marzo del 2017 adopté la práctica de entrenar a otras guerreras que como yo enfrentaban un diagnóstico de cáncer de mama. Sí, entrenarlas para el campo de batalla con las herramientas necesarias, ya sea por teléfono, videoconferencia o por correo electrónico estoy en tu esquina peleando contigo. Si vives en el área de Kissimmee y Orlando, Florida comunícate y hasta podemos encontrarnos y charlar cara a cara. Puedes ponerte en contacto conmigo escribiendo a mi correo electrónico:

florecestevens@yahoo.com

En el asunto favor de escribir GPPEUDDC para yo saber que no es un correo basura. Puedes escribirme en inglés

o español.

# Memorias

Guía para parejas enfrentando un diagnóstico de cáncer FLORECE STEVENS

# Trabajando luego de mi primer corte de pelo luego del diagnóstico

Mi cuarto de guerra: lugar donde dormía, trabajaba y también guardaba los mensajes positivos quie recibía de mi visita.

Sin importar la fatiga y lo duro que se me hacía hablar por largas horas siempre que pude trabajé al menos 10 horas semanales como intérprete federal para poder cubrir mis gastos básicos.  Siempre con una sonrisa.

Saliendo para mi primera quimioterapia 15-4-2016

Guía para parejas enfrentando un diagnóstico de cáncer FLORECE STEVENS

Mi corte de pelo antes de ir a mi primera quimioterapia

Guía para parejas enfrentando un diagnóstico de cáncer FLORECE STEVENS

Dependiendo la pigmentación de tu piel puedes tener manchas parecidas a pecas. No te preocupes todo eso se va luego del tratamiento.

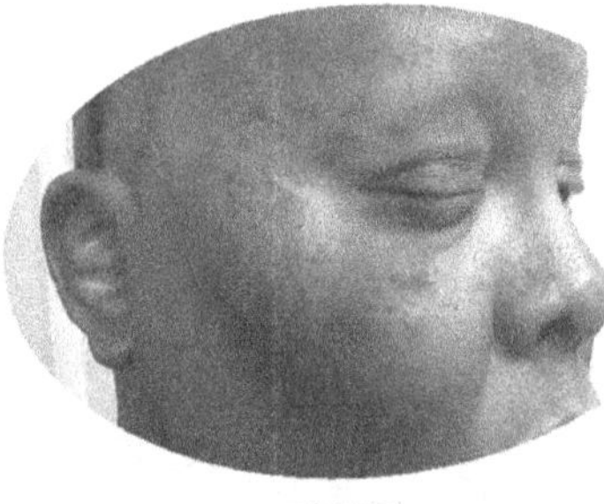

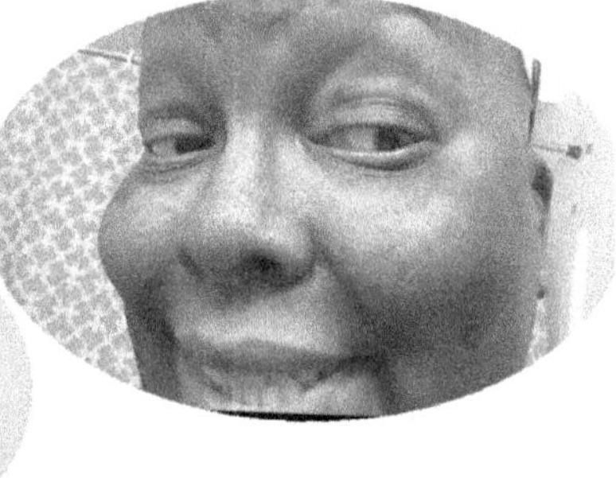

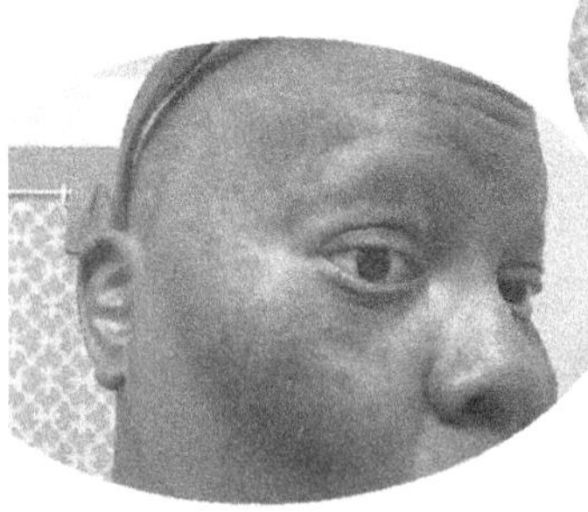

Guía para parejas enfrentando un diagnóstico de cáncer FLORECE STEVENS